JN094181

コロロ
メソッド
で学ぶ

ことばの分類ワークシート

スモールステップでマスターする

ものの名前・ことばの概念

コロロ発達療育センター〔編〕

合同出版

❖このワークブックについて

　このワークブックは、コロロ発達療育センターが発達障害や自閉スペクトラム症の子どものために考案した「コロロメソッドによる概念学習プログラム（新発語プログラム）」に基づいて作成されています。

●ワークブックの目的

　ものにはそのものを表す名前だけではなく、より上位の概念があることを理解することがねらいです（例：「りんご」は、「くだもの」のひとつである）。上位の概念によって共通の性質があることを学習します。

●課題への取り組み方

　①最初は丸暗記でかまいませんから、覚えられるようになるまで練習しましょう。大人は子どもがイメージしやすいことばで、身近なものに関することがらから取り組ませるようにしてください。

　②同じ課題を何度もくり返し学習し、紙面だけでなく口頭で質問されても答えられるようにしましょう。

　③机上学習でできるようになったら、実際の行動と結びつけて、日常生活の中で確認しながら学習するとより理解が深まります。

●指導のポイント

　①子どもが理解できないときは、教え方を工夫しましょう。わからないまま同じ指導をくり返すと、集中力が落ちたり学習姿勢がくずれたり、効果的な学習ができません。なかなか理解できるようにならない場合は、課題のレベルは合っているか、出題形式はマッチしているか、教材や教え方に問題はないかなどの原因を探り、取り組み方を見直しながら学習を進めましょう。

　②このワークブックには＜解答＞はついていません。大人が、子どもの発達段階を考慮しながら適切な答えへと導いてください。

❖学習の流れとポイント

1　確認編

　分類学習に入る前の基礎学習です。このワークに登場するものの名前を理解し、書けるかどうかを確認します。

❶絵があらわすものの名前を書きます。カタカナがまだ書けない場合は、すべてひらがなでかまいません。

❷絵ではわかりづらい場合は、写真や違うタッチの絵（もしくは実物）を使うなど、子どもがわかりやすい工夫をしましょう。

❸たくさんの問題が並んでいてどれを答えたらよいかわからない場合は、問題のページをコピーして短冊状に切っておくと、子どもが答えやすくなります。

2　基本編

　ものの名前を仲間同士で分けることを学びます。分類できるようになったら、上位概念である分類ことば（例えば、りんご・みかん・ぶどうは「くだもの」、さる・いぬ・ぞうは「どうぶつ」）を覚えていきます。

❶巻末付録「ことばの分類カード」（「ものの名前カード」・「分類ことばカード」・「分類シート」）を切り取ります。

❷分類シートの一番上にある長方形の枠の中に、分類ことばカードを1枚置きます。

❸ものの名前カードを1枚ずつ大人から子どもに手渡し、枠の中に置かせます。課題の理解が難しい場合は、あらかじめものの名前カードを2枚ずつくらい置いてあげると理解しやすいでしょう。

❹分類ことばカードを入れ替え
て、いろいろな分類を行います。
2種の分類ことばカードが分け
られるようになったら分類シー
トをコピーして増やすなどして
3種でもやってみましょう。

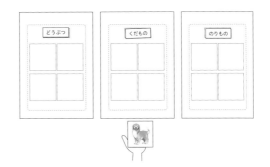

基本1　分類ことばに対して、それに属するものの名前を書く①

❶ひとつの分類ことばに対して、最初は3つくらいから始め、できれば4つ書け
る（言える）ようにしましょう。4つずつ書けそうなら、空いているスペースに
解答欄を増やしてあげてもよいでしょう。

❷わからないときには、丸暗記でよいので、同じ言葉をくり返し書いて定着させま
しょう。暗記した言葉以外のものの名前が思いつくようになれば、分類をよく理
解できている証拠です。

❸ワークは横書きとなっていますが、縦書きでも書けるように練習してみましょう。

基本2　分類ことばを答える①

❶4つの絵を見て、あてはまる分類ことばを答えます。

❷絵を見ると、絵が示すものの名前を書いてしまう場合が多くあります。まずは、
分類ことばカードと絵をマッチングさせ、その後、その分類ことばを書かせるよ
うにするとわかりやすいでしょう。

基本3　分類ことばを答える②

❶単語を見て、あてはまる分類ことばを答えます。

❷基本3は2つの問題形式で構成されています。基本3-1は「りんごはくだもの」
のように、1つの単語について、あてはまる分類ことばを答える問題です。基本
3-2は「りんご・みかん・バナナ・いちご」のように複数の単語に共通してあて
はまる分類ことばを答える問題です。

❸1問目から順番に解く必要はありません。これまでの学習でよく理解できてい
ると思う分類ことばの問題から取り組むようにしましょう。

基本4　分類ことばを答える③

❶問題文を読んで文章で答えます。

❷「りんごはなんのなかまですか」「くだもののなかまです」というように、出題に合わせて正しい答え方ができるように、ひとつずつ出題のパターンを増やしながら学習を進めていきましょう。

基本5　分類ことばに対して、それに属するものの名前を書く②

❶分類ことばに対して4つずつ、それに属するものの名前を答えます。

❷5つ以上答えられるようなら解答欄を増やしてあげてもよいでしょう。

基本6　分類ことばに属するものに丸をつける①

❶いくつかの絵の中から、分類ことばに属するものを探します。

❷答えは1つです。まずは、これを確実に答えられるようにしましょう。

基本7　分類ことばに属するものに丸をつける②

❶いくつかの単語の中から、分類ことばに属するものを探します。

❷○△◎で答える出題形式になっています。出題のパターンこわしを体験させましょう。

❸答えが1つの問題（基本7-1）から始め、確実に答えられるようになったら、答えが2つ以上の問題（基本7-2）に進みましょう。

基本8　同じ分類ことばに属するもの同士を線で結ぶ

❶同じ分類ことばに属するものの名前を線で結びます。

❷基本8は2つの問題形式で構成されています。基本8-1は絵、基本8-2は単語であらわされたものの名前同士を線で結びます。

❸台紙を用意し、同じように巻末のものの名前カードを配置すれば、ワークにはない問題に取り組めます。

基本9　分類ことばとものの名前を線で結ぶ

❶分類ことばとものの名前を線で結びます。

❷基本9は2つの問題形式で構成されています。基本9-1は分類ことばと絵であらわされたものの名前を、基本9-2は分類ことばと単語であらわされたものの名前を線で結ぶ問題です。

❸1つの分類ことばから2つ以上のものの名前を線で結ぶ問題は、「線で結ぶ」ということが理解できるようになってから取り組みましょう。

基本10 ものの名前と分類ことばを結びつける

❶正しいものに○をつける問題形式です。

❷よくできるようになったら、日常生活の中で実物を使いながら「これは何の仲間?」「これは○○の仲間? それとも○○の仲間?」などの質問をして、くり返し練習しましょう。

3 中級編

ここからは問題形式がいろいろと変わります。むずかしい問題は無理せず、できそうな問題から取り組んでいきましょう。

中級1 はい・いいえで答える

❶「バスはのりもの」と答えられても、「バスはのりものですか?」に対して「はい」と答えられるとはかぎりません。この問題は、分類ことばを問う質問に対して「はい」「いいえ」で答えられるようになることを目的としています。

❷はじめて取り組むときは、いきなり「はい」「いいえ」で答えるのではなく、マーク(○×)で答えることから始めます。問いに対して正しいかどうかを判断し、問題文の横などに○あるいは×のマークをつけます。

❸○=はい、×=いいえであることに気づかせるために、(○はい)のように、マークを書かせてから、はい・いいえで答えるようにしましょう。

❹最終的には、○×を書かずに、はい(そうです)・いいえ(ちがいます)と答えられるようにします。

❺この課題は判断学習といい、しっかり順を追って学習しなければいけないものです。無理に進めると、かえって混乱を招くことになるので注意しましょう。

中級2 異なる分類ことばに属するものを探す

❶いくつかの絵の中に異なる分類ことばに属するものが1つまぎれています。それを見つけて○で囲みます。

❷異なるものを見つけるのが難しい場合は、同じ分類ことばに属する絵を○で囲む
という課題に変えて取り組ませてもよいでしょう。

中級3　2つの要素がふくまれる問題に答える

❶「むらさきのやさいはなんですか」のように、分類ことばに、色・鳴き声・用途
などの要素を加えた問題です。学習の進度に合わせて進めていきます。複数回答
できる子どもには、複数書くように促しましょう。

❷「赤いくだものを3つ答えましょう」など、複数回答させる問題を作ってもよ
いでしょう。

4　発展編

　中級編よりさらにむずかしい問題です。基本編・中級編がクリアできてから取り組
みましょう。なお発展編では、小学1・2年生の漢字を使用しています（ふりがなつき）。

発展1　2つの要素がふくまれる分類ことばに属するものを選ぶ

❶問題文の内容を理解して答える問題形式です。中級編から登場した、2つの要素
がふくまれる分類ことば（「むらさきのやさい」など）に対して、それに属する
ものを答えます。

❷発展1は2つの問題形式で構成されています。発展1-1ではものの名前の語群
から、問題文に当てはまるものを選びます。発展1-2では語群はありませんので、
自分で考えて問題に答えます。

❸「春にさく花」「羽のあるもの」などの分類ことばに当てはまるものを答えるた
めには、それぞれの属性について理解していることが必要です。

発展2　絵を見て属性を答える

❶「りんごはくだもの」と言えるようになると、「りんごは何色？」と聞かれても、
「くだもの」となってしまうことがあります。

❷「何色？」「なんて鳴く？」「何をするもの？」などの質問パターンに答えること
ができたら、それらをランダムに質問されても答えられるようにしましょう。

発展3　複雑な分類ことばに属するものを答える

❶複雑な抽象名詞の分類ことば（形、色など）に当てはまるものを答えます。

❷曜日ならば7つ、方角ならば4つというように、できる範囲で必要な数を覚え
るようにしましょう。

発展4　場所とものの名前を答える

❶分類ことば「場所」に特化した問題です。

❷発展4は2つの問題形式で構成されています。発展4-1は「リビングにあるもの」
のように、それぞれの場所にあるものの名前を答える問題です。発展4-2は「や
さいはどこで買いますか」のように、場所を答える問題です。

❸発展4-1は場所の名前がわかるようになってから、発展4-2は「どこ」という
言葉が理解できるようになってから取り組みましょう。

発展5　総合問題

❶抽象名詞の分類ことばを使った総合問題です。

❷発展5は2つの問題形式で構成されています。発展5-1は「食べものを切るちょ
うり道具は何ですか」のような質問文に答える問題です。発展5-2は「ほうき
は　ごみをあつめる　そうじどうぐです」のように、複雑な分類ことばを使って
ものの名前の用途を説明する問題です。

❸中には答えが複数考えられるものもあります。子どもの概念レベルに合わせて答
えを導き出せるように進めましょう。

＊課題に取り組んでいく中で、なかなかうまく学習が進められなくなることがあると思い
ます。その原因として、課題のレベルが合っていなかったり、出題形式がマッチしていなかっ
たりなど、さまざまなことが考えられます。無理に進めようとすると、かえって混乱させ
てしまうことがあるので注意しましょう。

❖ 巻末付録「ことばの分類カード」について

　ことばの分類カードを使えば、いつでもどこでも何度でも分類学習に取り組むことができます。

①ものの名前カード……180枚
➡️　ワークに登場するものの名前の中から代表的なものをカードにしました。表に絵、裏に文字がありますので、最初は絵の面を使って学習し、慣れてきたら文字の面を使うとよいでしょう。

表　　　　　　　　　　　　　裏

②分類ことばカード……18枚
➡️　「どうぶつ」「くだもの」などの分類ことば（上位概念）のカードです。切り取って分類シートの一番上に置くことで、さまざまな分類ことばの学習をすることができます。白紙のカードはカードになっていない分類ことば（色、おもちゃなど）を書いたり、予備としてお使いください。

どうぶつ

③分類シート……2枚

➡ ものの名前カードを使った分類学習を行うためのシートです。切り取る・コピーするなどして台紙を作ることができます。台紙を複数枚用意すれば、2つの分類ことばに分類する、3つの分類ことばに分類するというように問題の難易度を上げることができます。その場合、台紙は完全に離して置きます。

もくじ

1 確認編

2 基本編

3 中級編

4 発展編

【巻末付録◉ことばの分類カードセット】

ものの名前カード①〜⑮

分類ことばカード

分類シート

❖分類一覧表

　このワークで取り上げる分類ことばと、それに分類される代表的なものの名前を
リストにしました。ここにあがっている分類ことば、ものの名前を一通り理解でき
ることを目標にしましょう。

分類ことば	ものの名前
①どうぶつ	いぬ　きりん　きつね　うさぎ　ぞう　しまうま　うし　チーター ライオン　たぬき　うま　ぶた　さる　パンダ　ねこ　トラ ねずみ　ひつじ　へび　くま　くじら　りす　コアラ
②くだもの	りんご　ぶどう　みかん　さくらんぼ　もも　パイナップル いちご　かき　レモン　なし　バナナ　すいか　メロン　くり
③のりもの	くるま　トラック　ひこうき　さんりんしゃ　ふね　しょうぼうしゃ バス　パトカー　じてんしゃ　しんかんせん　ききゅう でんしゃ　タクシー　バイク　ヘリコプター　きゅうきゅうしゃ
④やさい	なす　たまねぎ　トマト　じゃがいも　にんじん　キャベツ だいこん　きゅうり　ピーマン　かぼちゃ　さつまいも いんげん　レタス　ねぎ
⑤はな	たんぽぽ　チューリップ　コスモス　さくら　ゆり　ひまわり スミレ　あさがお　きく　バラ　あじさい　すいせん　つばき うめ　カーネーション
⑥むし	あり　バッタ　ちょうちょう　かぶとむし　とんぼ　くわがた はち　せみ　かたつむり　すずむし　てんとうむし　カマキリ ほたる　だんごむし　コオロギ　キリギリス
⑦とり	からす　すずめ　にわとり　つばめ　はと　インコ　ひよこ つる　かも　ペンギン　あひる　くじゃく　きじ　ダチョウ うぐいす　とんび

⑧ぶんぼうぐ	はさみ　えんぴつ　じょうぎ　さんかくじょうぎ　のり　けしごむ ホチキス　クレヨン　カッター　コンパス　ボンド　ノート マーカー　ぶんどき　ふで　ボールペン　マジックペン えんぴつけずり　セロハンテープ
⑨ようふく	ズボン　スカート　ティーシャツ　パンツ　シャツ　カーディガン ぼうし　セーター　はんズボン　ジャンパー　ジャケット　ベスト コート　レインコート　ワンピース　くつした　タンクトップ
⑩さかな	ふぐ　こい　きんぎょ　あじ　たい　めだか　いわし　どじょう かつお　さんま　さば　さけ　サメ　まぐろ　えび　カニ　ひらめ
⑪がっき	たいこ　けんばんハーモニカ　ギター　ピアノ　もっきん カスタネット　タンバリン　ラッパ　てっきん　トライアングル ふえ（リコーダー）　バイオリン　アコーディオン　すず
⑫しょっき	コップ　おわん　きゅうす　スプーン　さら　コースター ちゃわん　ゆのみぢゃわん　ティーカップ　はし　ナイフ フォーク　はしおき　どんぶり
⑬でんかせいひん	でんわ　カメラ　アイロン　せんぷうき　テレビ　せんたくき エアコン　そうじき　れいぞうこ　すいはんき　ライト でんきポット　ドライヤー　パソコン　でんしレンジ オーブントースター　スマートフォン
⑭かぐ	いす　げたばこ　しょっきだな　こたつ　つくえ　ドア　たんす テーブル　ラック　まど　ベッド　ソファー　ほんだな　ロッカー
⑮はきもの	サンダル　うわばき　げた　スリッパ　スニーカー　ぞうり ながぐつ　パンプス　ビーチサンダル　くつ
⑯のみもの	コーヒー　みず　むぎちゃ　ジュース　ぎゅうにゅう りょくちゃ（おちゃ）

分類ことば	ものの名前
⑰おかし	クッキー　あめ　ガム　せんべい　キャラメル　グミ ポテトチップス　チョコレート　ドーナツ
⑱かたち	まる　さんかく　しかく　ながしかく　ハート　ほし
⑲きせつ	はる　なつ　あき　ふゆ　つゆ
⑳あじ	あまい　すっぱい　からい　にがい　しょっぱい
㉑てんき	はれ　あめ　くもり　ゆき
㉒いろ	あか　あお　きいろ　みどり　ピンク　きみどり　だいだい ちゃいろ　くろ　むらさき　みずいろ　うすだいだい　しろ きん　ぎん
㉓ばしょ	がっこう　いえ　プール　こうえん　コンビニ　スーパー　えき うみ　やま　どうろ　げんかん　たいいくかん　おんがくしつ きょうしつ　リビング　トイレ　だいどころ　にわ　せんめんじょ
㉔おもちゃ	おままごと　つみき　パズル　ぬいぐるみ　ミニカー　ラジコン ゲーム　にんぎょう
㉕もよう	みずたま　しましま　チェック　はながら　むじ
㉖ほうがく	ひがし　にし　みなみ　きた
㉗ようび	げつようび　かようび　すいようび　もくようび　きんようび　ど ようび　にちようび
㉘しょくぎょう	しょうぼうし　けいさつかん　スポーツせんしゅ　せんせい いしゃ　かんごし　だいく　かしゅ　アナウンサー　えきいん ゆうびんきょくいん　びようし

㉙きょうか	こくご　さんすう　りか　しゃかい　えいご　おんがく　どうとく たいいく　ずこう　かていか
㉚そうじどうぐ	ぞうきん　デッキブラシ　ほうき　ちりとり　バケツ　モップ
㉛さいほうどうぐ	たちばさみ　いときりばさみ　ぬいばり　いと　まちばり いととおし
㉜ちょうりどうぐ	ほうちょう　まないた　やかん　あわだてき　おたま　なべ フライパン　さいばし
㉝だいくどうぐ	かなづち　のこぎり　ドライバー　ペンチ　くぎ　かんな
㉞きゅうきゅうようひん	ばんそうこう　ピンセット　しょうどくえき　ほうたい　ガーゼ めんぼう

＊カタカナの使用については、お子さんの学習段階に合わせてください。

もののなまえの学習 1

❖ えをみてなまえをかきましょう。

🍎	
🍊	
🍇	
🍓	
🍑	
🚗	
✈	
🚢	
🚌	
🚆	

ものの名前の学習 2

❖ えをみてなまえをかきましょう。

もの名前の学習3

❖ えをみてなまえをかきましょう。

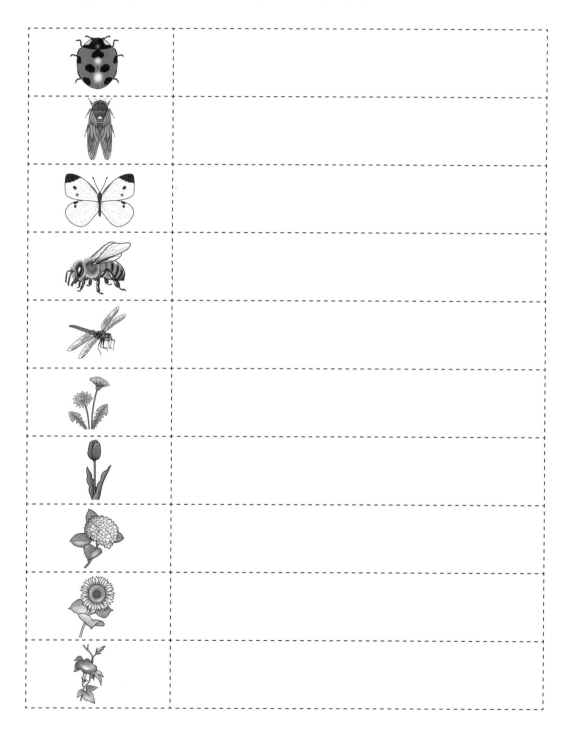

ものの名前の学習4

❖ えをみてなまえをかきましょう。

もの の 名前 の 学習 5

❖ えをみてなまえをかきましょう。

もの名前の学習6

❖ えをみてなまえをかきましょう。

❖えをみてなまえをかきましょう。

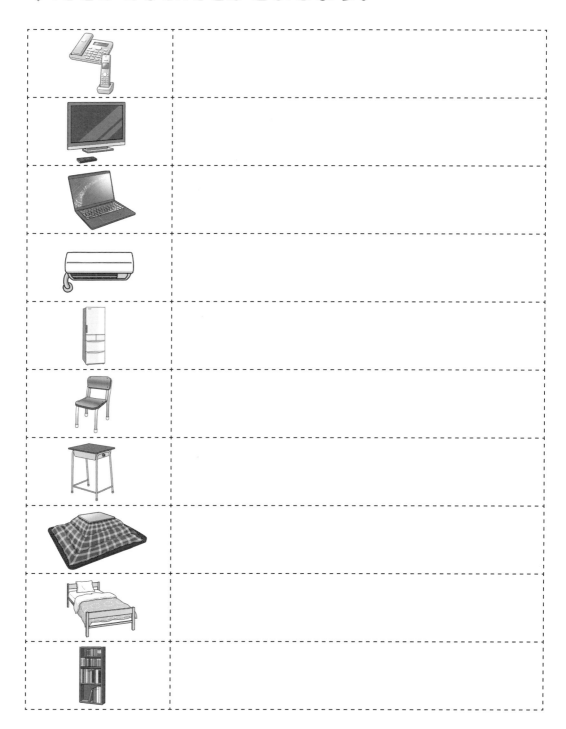

❖ えをみてなまえをかきましょう。

もの の名前の学習 9

❖ えをみてなまえをかきましょう。

絵	名前

ものの名前の学習 10

❖ えをみてなまえをかきましょう。

2 基本編

❖なかまのなまえをかきましょう。

①くだもの

(　　　　　　　　)

(　　　　　　　　)

(　　　　　　　　)

②どうぶつ

(　　　　　　　　　　)

(　　　　　　　　　　)

(　　　　　　　　　　)

③やさい

(　　　　　　　　)

(　　　　　　　　)

(　　　　　　　　)

④のりもの

(　　　　　　　　　　)

(　　　　　　　　　　)

(　　　　　　　　　　)

⑤むし

(　　　　　　　　　)

(　　　　　　　　　)

(　　　　　　　　　)

⑥はな

(　　　　　　　　　)

(　　　　　　　　　)

(　　　　　　　　　)

⑦さかな

(　　　　　　　　　)

(　　　　　　　　　)

(　　　　　　　　　)

⑧ようふく

(　　　　　　　　　)

(　　　　　　　　　)

(　　　　　　　　　)

❖なかまのなまえをかきましょう。

⑨ぶんぼうぐ

(　　　　　　　　)

(　　　　　　　　)

(　　　　　　　　)

⑩とり

(　　　　　　　　　　)

(　　　　　　　　　　)

(　　　　　　　　　　)

⑪がっき

(　　　　　　　　)

(　　　　　　　　)

(　　　　　　　　)

⑫しょっき

(　　　　　　　　　　)

(　　　　　　　　　　)

(　　　　　　　　　　)

⑬かぐ

(   )

(   )

(   )

⑭はきもの

(   )

(   )

(   )

⑮のみもの

(   )

(   )

(   )

⑯おかし

(   )

(   )

(   )

❖ なんのなかまですか。えをみてこたえましょう。

①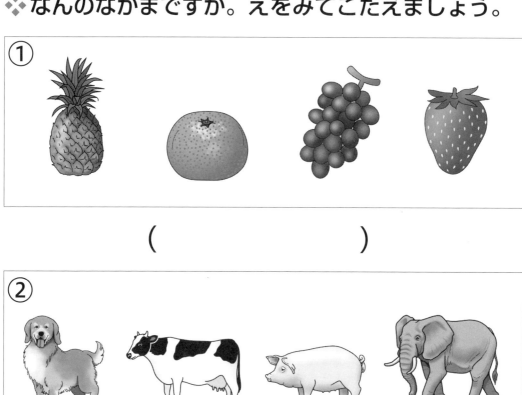

(　　　　　　　)

②

(　　　　　　　)

③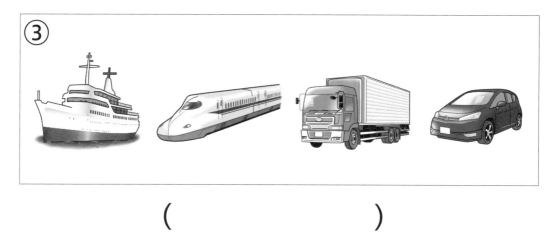

(　　　　　　　)

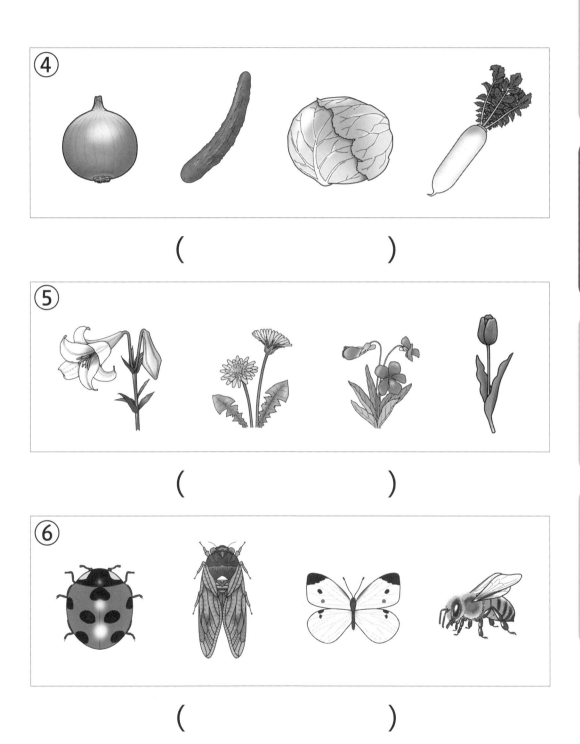

④

(　　　　　　　　　　　)

⑤

(　　　　　　　　　　　)

⑥

(　　　　　　　　　　　)

❖なんのなかまですか。えをみてこたえましょう。

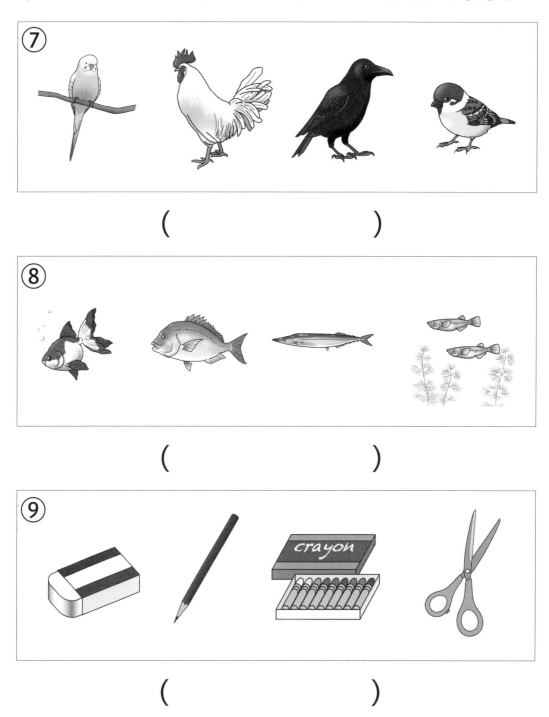

⑦

（　　　　　　　　　　　）

⑧

（　　　　　　　　　　　）

⑨

（　　　　　　　　　　　）

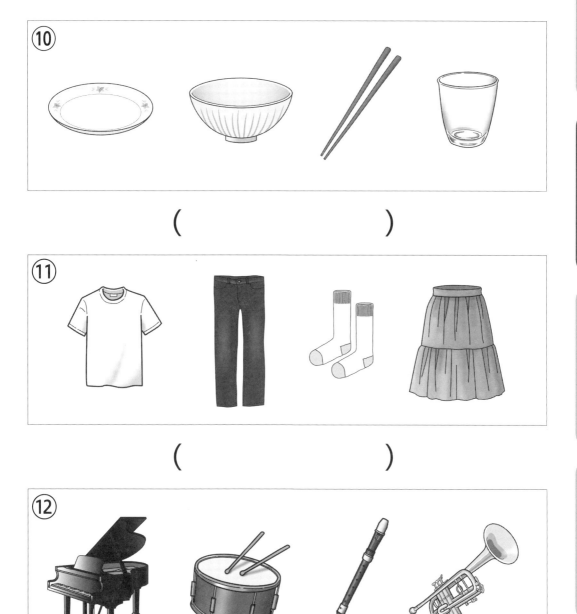

⑩

( )

⑪

( )

⑫

( )

❖ なんのなかまですか。

① りんごは　　　　　（　　　　　　　　　　　）

② くるまは　　　　　（　　　　　　　　　　　）

③ ぞうは　　　　　　（　　　　　　　　　　　）

④ バスは　　　　　　（　　　　　　　　　　　）

⑤ いちごは　　　　　（　　　　　　　　　　　）

⑥ さるは　　　　　　（　　　　　　　　　　　）

⑦ねこは　　　　　　（　　　　　　　　　　　）

⑧でんしゃは　　　　（　　　　　　　　　　　）

⑨みかんは　　　　　（　　　　　　　　　　　）

⑩バナナは　　　　　（　　　　　　　　　　　）

⑪うしは　　　　　　（　　　　　　　　　　　）

⑫ひこうきは　　　　（　　　　　　　　　　　）

❖ なんのなかまですか。

⑬トマトは　　　　　　　（　　　　　　　　　　）

-----

⑭ちょうちょうは　　（　　　　　　　　　　）

-----

⑮ひまわりは　　　　（　　　　　　　　　　）

-----

⑯かぶとむしは　　　（　　　　　　　　　　）

-----

⑰さくらは　　　　　（　　　　　　　　　　）

-----

⑱きゅうりは　　　　（　　　　　　　　　　）

⑲たまねぎは　　　（　　　　　　　　　　　）

⑳たんぽぽは　　　（　　　　　　　　　　　）

㉑ありは　　　　　（　　　　　　　　　　　）

㉒あさがおは　　　（　　　　　　　　　　　）

㉓はちは　　　　　（　　　　　　　　　　　）

㉔キャベツは　　　（　　　　　　　　　　　）

1 確認編

2 基本編

3 中級編

4 発展編

❖ なんのなかまですか。

㉕ えんぴつは　　　　（　　　　　　　　　　　）

㉖ ズボンは　　　　　（　　　　　　　　　　　）

㉗ めだかは　　　　　（　　　　　　　　　　　）

㉘ たいこは　　　　　（　　　　　　　　　　　）

㉙ きんぎょは　　　　（　　　　　　　　　　　）

㉚ けしごむは　　　　（　　　　　　　　　　　）

㉛ピアノは　　　　　（　　　　　　　　　　）

㉜スカートは　　　　（　　　　　　　　　　）

㉝くつしたは　　　　（　　　　　　　　　　）

㉞じょうぎは　　　　（　　　　　　　　　　）

㉟こいは　　　　　　（　　　　　　　　　　）

㊱ふえは　　　　　　（　　　　　　　　　　）

❖なんのなかまですか。

①いぬ・ねこ・うさぎ・さる

（　　　　　　　　　　　　　）

----

②りんご・みかん・バナナ・いちご

（　　　　　　　　　　　　　）

----

③でんしゃ・ふね・ひこうき・くるま

（　　　　　　　　　　　　　）

----

④トマト・きゅうり・だいこん・にんじん

（　　　　　　　　　　　　　）

----

⑤えんぴつ・けしごむ・はさみ・ふで

（　　　　　　　　　　　　　）

⑥さくら・バラ・ひまわり・たんぽぽ

　　　　　　　（　　　　　　　　　　　　　　）

⑦たい・さんま・こい・きんぎょ

　　　　　　　（　　　　　　　　　　　　　　）

⑧あり・ちょうちょう・はち・とんぼ

　　　　　　　（　　　　　　　　　　　　　　）

⑨スカート・ズボン・シャツ・パンツ

　　　　　　　（　　　　　　　　　　　　　　）

⑩にわとり・からす・すずめ・はと

　　　　　　　（　　　　　　　　　　　　　　）

❖ なんのなかまですか。

⑪じょうぎ・クレヨン・えんぴつけずり・のり

（　　　　　　　　　　　　　　）

⑫あひる・ダチョウ・つばめ・ペンギン

（　　　　　　　　　　　　　　）

⑬ピアノ・たいこ・ふえ・ラッパ

（　　　　　　　　　　　　　　）

⑭コップ・はし・ちゃわん・スプーン

（　　　　　　　　　　　　　　）

⑮じてんしゃ・パトカー・バス・きゅうきゅうしゃ

（　　　　　　　　　　　　　　）

⑯クッキー・チョコレート・あめ・せんべい

（　　　　　　　　　　　　　　　）

⑰いす・つくえ・ほんだな・ベッド

（　　　　　　　　　　　　　　　）

⑱くつ・ながぐつ・スリッパ・サンダル

（　　　　　　　　　　　　　　　）

⑲テレビ・せんたくき・そうじき・エアコン

（　　　　　　　　　　　　　　　）

⑳かぶとむし・カマキリ・せみ・コオロギ

（　　　　　　　　　　　　　　　）

❖ なんのなかまですか。
「○○のなかまです」とこたえましょう。

> 例 いぬは　なんのなかまですか。
>
> （　どうぶつのなかまです。　　　　　　　）

①みかんは　なんのなかまですか。

（　　　　　　　　　　　　　　　　　　　　）

- -

②ひこうきは　なんのなかまですか。

（　　　　　　　　　　　　　　　　　　　　）

- -

③いちごは　なんのなかまですか。

（　　　　　　　　　　　　　　　　　　　　）

- -

④ひつじは　なんのなかまですか。

（　　　　　　　　　　　　　　　　　　　　）

⑤バナナは　なんのなかまですか。

(　　　　　　　　　　　　　　　　　)

⑥でんしゃは　なんのなかまですか。

(　　　　　　　　　　　　　　　　　)

⑦うしは　なんのなかまですか。

(　　　　　　　　　　　　　　　　　)

⑧ふねは　なんのなかまですか。

(　　　　　　　　　　　　　　　　　)

⑨ねこは　なんのなかまですか。

(　　　　　　　　　　　　　　　　　)

❖なんのなかまですか。
「○○のなかまです」とこたえましょう。

⑩からすは　なんのなかまですか。

(　　　　　　　　　　　　　　　　　)

⑪はさみは　なんのなかまですか。

(　　　　　　　　　　　　　　　　　)

⑫さんまは　なんのなかまですか。

(　　　　　　　　　　　　　　　　　)

⑬ありは　なんのなかまですか。

(　　　　　　　　　　　　　　　　　)

⑭きゅうりは　なんのなかまですか。

(　　　　　　　　　　　　　　　　　)

⑮けしごむは　なんのなかまですか。

(　　　　　　　　　　　　　　　　　　　　　　　)

⑯きんぎょは　なんのなかまですか。

(　　　　　　　　　　　　　　　　　　　　　　　)

⑰にんじんは　なんのなかまですか。

(　　　　　　　　　　　　　　　　　　　　　　　)

⑱にわとりは　なんのなかまですか。

(　　　　　　　　　　　　　　　　　　　　　　　)

⑲ちょうちょうは　なんのなかまですか。

(　　　　　　　　　　　　　　　　　　　　　　　)

❖しつもんにこたえましょう。

①くだものを　4つ　かきましょう。

(　　　　　　　　)　(　　　　　　　　　)

(　　　　　　　　)　(　　　　　　　　　)

----

②どうぶつを　4つ　かきましょう。

(　　　　　　　　)　(　　　　　　　　　)

(　　　　　　　　)　(　　　　　　　　　)

----

③がっきを　4つ　かきましょう。

(　　　　　　　　)　(　　　　　　　　　)

(　　　　　　　　)　(　　　　　　　　　)

④ぶんぼうぐを　4つ　かきましょう。

（　　　　　　　　　）（　　　　　　　　　　）

（　　　　　　　　　）（　　　　　　　　　　）

----

⑤ようふくを　4つ　かきましょう。

（　　　　　　　　　）（　　　　　　　　　　）

（　　　　　　　　　）（　　　　　　　　　　）

----

⑥やさいを　4つ　かきましょう。

（　　　　　　　　　）（　　　　　　　　　　）

（　　　　　　　　　）（　　　　　　　　　　）

❖ しつもんにこたえましょう。

⑦むしを　4つ　かきましょう。

（　　　　　　　　　）　（　　　　　　　　　　）

（　　　　　　　　　）　（　　　　　　　　　　）

⑧のりものを　4つ　かきましょう。

（　　　　　　　　　）　（　　　　　　　　　　）

（　　　　　　　　　）　（　　　　　　　　　　）

⑨はなを　4つ　かきましょう。

（　　　　　　　　　）　（　　　　　　　　　　）

（　　　　　　　　　）　（　　　　　　　　　　）

⑩さかなを　4つ　かきましょう。

（　　　　　　　　　　）（　　　　　　　　　　　　　）

（　　　　　　　　　　）（　　　　　　　　　　　　　）

⑪とりを　4つ　かきましょう。

（　　　　　　　　　　）（　　　　　　　　　　　　　）

（　　　　　　　　　　）（　　　　　　　　　　　　　）

⑫しょっきを　4つ　かきましょう。

（　　　　　　　　　　）（　　　　　　　　　　　　　）

（　　　　　　　　　　）（　　　　　　　　　　　　　）

❖あてはまるものに○をつけましょう。

①どうぶつに　○をつけましょう。

②くだものに　○をつけましょう。

  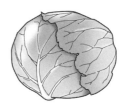

③やさいに　○をつけましょう。

④のりものに　○をつけましょう。

⑤はなに　○をつけましょう。

⑥ぶんぼうぐに　○をつけましょう。

❖あてはまるものに○をつけましょう。

⑦とりに　○をつけましょう。

⑧むしに　○をつけましょう。

⑨ようふくに　○をつけましょう。

⑩さかなに ○をつけましょう。

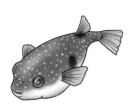  

⑪がっきに ○をつけましょう。

⑫しょっきに ○をつけましょう。

❖あてはまるものに○をつけましょう。

①くだものに　○をつけましょう。

> にんじん　　みかん　　くるま　　ぞう

②どうぶつに　○をつけましょう。

> くるま　　スカート　　きりん　　いちご

③やさいに　○をつけましょう。

> でんしゃ　　にんじん　　うさぎ　　つる

④ぶんぼうぐに　○をつけましょう。

> ちゃわん　　じてんしゃ　　ねこ　　じょうぎ

⑤のりものに ○をつけましょう。

> ひこうき　　ぼうし　　トマト　　からす

⑥はなに ○をつけましょう。

> クレヨン　　はち　　あさがお　　いぬ

⑦ようふくに ○をつけましょう。

> いちご　　しんかんせん　　あひる　　ズボン

⑧むしに ○をつけましょう。

> つくえ　　バッタ　　キャベツ　　さら

❖あてはまるものに○をつけましょう。

①さかなに　ぜんぶ○をつけましょう。

でんしゃ　　たい　　きく　　どじょう

だんごむし　　すずめ　　メロン

②どうぶつに　ぜんぶ○をつけましょう。

チューリップ　　きつね　　えんぴつ

すいか　　でんしゃ　　ふね　　ねこ

③むしに　ぜんぶ○をつけましょう。

カマキリ　　スカート　　あり　　とんぼ

うめ　　バッタ　　パンダ　　ひこうき

④がっきに　ぜんぶ○をつけましょう。

ラッパ　　もも　　キャベツ　　たいこ

バラ　　ふえ　　ピアノ　　ぞう

❖あてはまるものに△をつけましょう。

⑤とりに　ぜんぶ△をつけましょう。

いぬ　　　ジャンパー　　　からす　　　ひこうき

はと　　　タクシー　　　じてんしゃ　　　あひる

⑥はなに　ぜんぶ△をつけましょう。

ひまわり　　　ダチョウ　　　ひつじ　　　のり

あじさい　　　げた　　　すいか　　　あさがお

⑦ようふくに　ぜんぶ△をつけましょう。

セーター　　　ちょうちょう　　　カスタネット

バッタ　　インコ　　シャツ　　スカート

⑧ぶんぼうぐに　ぜんぶ△をつけましょう。

コート　　えんぴつ　　にわとり　　せみ

じょうぎ　　ぶどう　　けしごむ　　ふね

❖ あてはまるものに◎をつけましょう。

⑨ のりものに　ぜんぶ◎をつけましょう。

はさみ　さんま　トラック　じてんしゃ

つばめ　じゃがいも　きんぎょ

ぶた　パトカー　さくらんぼ

⑩ しょっきに　ぜんぶ◎をつけましょう。

くつした　コップ　ライオン

じてんしゃ　はし　きゅうり　どんぶり

えんぴつ　さつまいも　ねぎ

⑪さかなに　ぜんぶ◎をつけましょう。

タクシー　けしごむ　いわし　きんぎょ

めだか　かぶとむし　あじ　えんぴつ

ひこうき　かたつむり

⑫くだものに　ぜんぶ◎をつけましょう。

なし　ちょうちょう　ながぐつ

コスモス　かぼちゃ　パイナップル

かき　コアラ　ピアノ

❖おなじなかまをせんでむすびましょう。

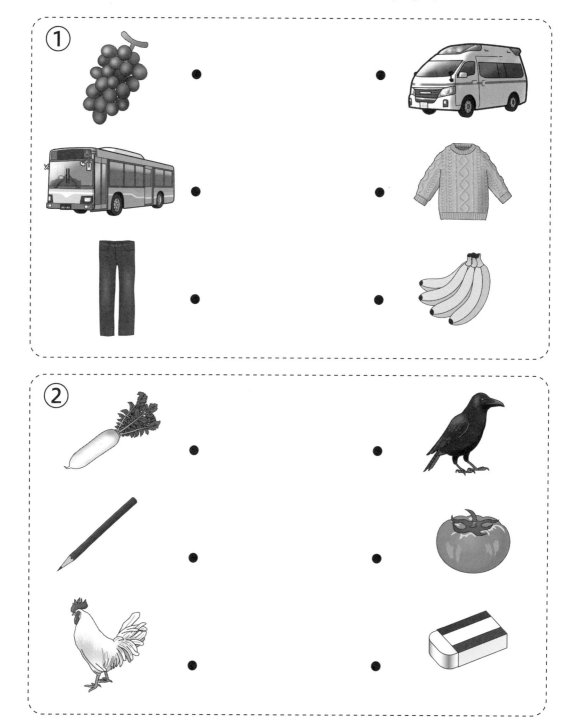

③

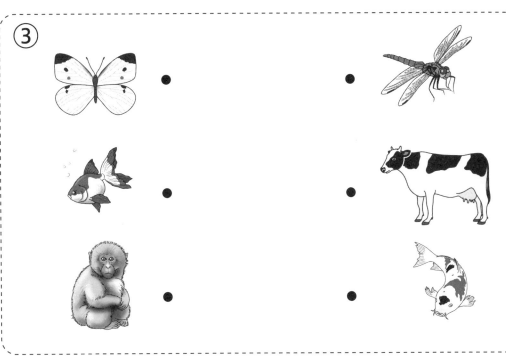

④

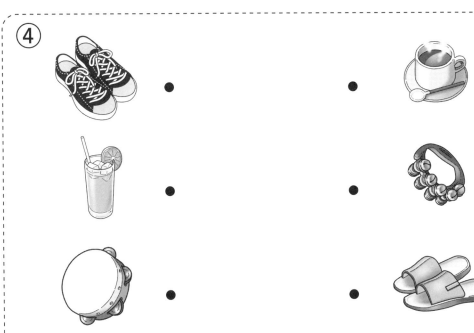

❖おなじなかまをせんでむすびましょう。

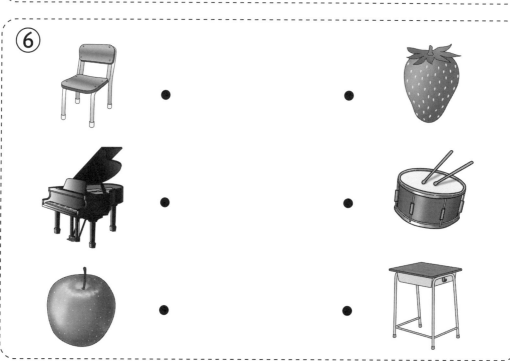

⑦
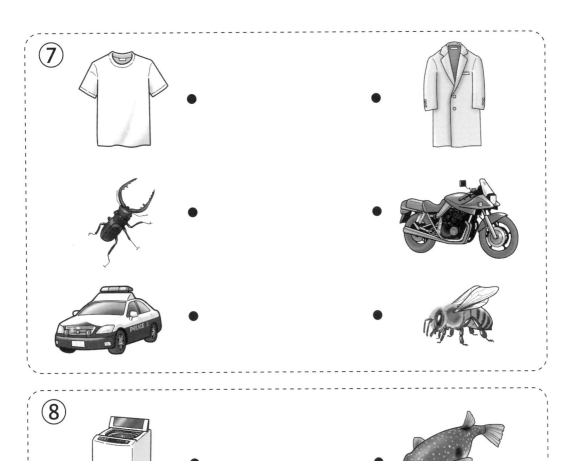

⑧
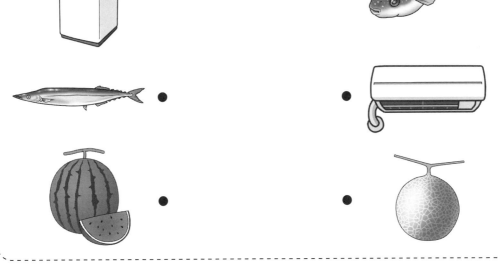

❖おなじなかまをせんでむすびましょう。

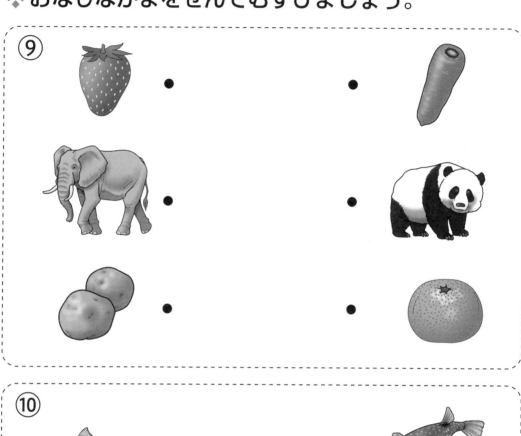

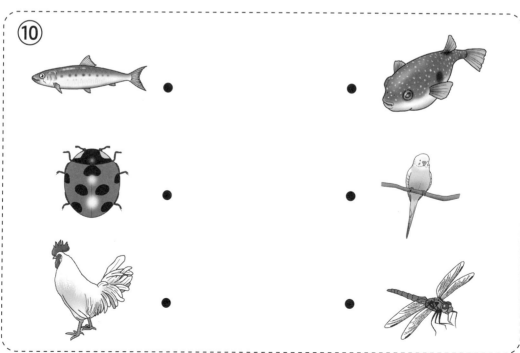

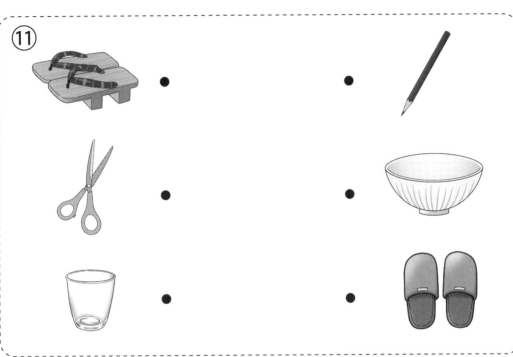

⑪

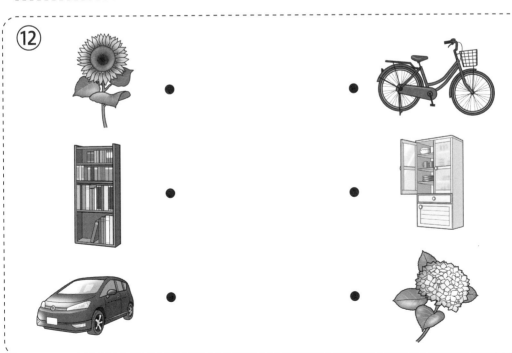

⑫

❖おなじなかまをせんでむすびましょう。

①

スニーカー　•　　　　　　•　タンバリン

もっきん　•　　　　　　•　サンダル

あひる　•　　　　　　•　つばめ

②

パンダ　•　　　　　　•　パンツ

コンパス　•　　　　　　•　コアラ

くつした　•　　　　　　•　じょうぎ

③

かき	•	•	なし
さら	•	•	こたつ
ベッド	•	•	ちゃわん

④

バス	•	•	ピーマン
だいこん	•	•	バッタ
カマキリ	•	•	でんしゃ

❖ なかまをせんでむすびましょう。

①

どうぶつ　　●　　　　　　　●　

のりもの　　●　　　　　　　●　

くだもの　　●　　　　　　　●　

②

やさい　　●　　　　　　　●　

くだもの　　●　　　　　　　●　

はな　　●　　　　　　　●

③

さかな ●   ●

どうぶつ ●   ●

むし ●   ●

④

かぐ ●   ●

ぶんぼうぐ ●   ●

のりもの ●   ●

❖なかまをせんでむすびましょう。

①

やさい　•

　　　　　　　　　• なす

　　　　　　　　　• もも

　　　　　　　　　• さくらんぼ

くだもの　•

　　　　　　　　　• みかん

　　　　　　　　　• きゅうり

②

　　　　　　　　　• ひまわり

はな　•

　　　　　　　　　• すずめ

　　　　　　　　　• にわとり

とり　•

　　　　　　　　　• さくら

　　　　　　　　　• はと

③

どうぶつ ・

さかな ・

・ いわし

・ ライオン

・ ぞう

・ あじ

・ きりん

④

ぶんぼうぐ ・

しょっき ・

・ ノート

・ スプーン

・ はし

・ はさみ

・ クレヨン

❖ なかまをせんでむすびましょう。

⑤

のりもの •

むし •

• バッタ

• くわがた

• しんかんせん

• だんごむし

• パトカー

⑥

がっき •

ようふく •

• ピアノ

• スカート

• パンツ

• ふえ

• シャツ

⑦

はきもの　•

　　　　　　　•　ドーナツ

　　　　　　　•　チョコレート

　　　　　　　•　スリッパ

おかし　　•

　　　　　　　•　ながぐつ

　　　　　　　•　クッキー

⑧

のみもの　•

　　　　　　　•　つくえ

　　　　　　　•　おちゃ

　　　　　　　•　ぎゅうにゅう

かぐ　　　•

　　　　　　　•　ジュース

　　　　　　　•　ほんだな

❖あっているものに○をつけましょう。

①

ぶどう

くだもの　（　　　）

やさい　　（　　　）

②

めだか

のりもの　（　　　）

さかな　　（　　　）

③

セーター

はな　　　（　　　）

ようふく　（　　　）

④

ねこ

どうぶつ　（　　　）

のりもの　（　　　）

⑤

バッタ　　　　　かぐ　　　　（　　　）

　　　　　　　　むし　　　　（　　　）

⑥

かもめ　　　　　とり　　　　（　　　）

　　　　　　　　くだもの　　（　　　）

⑦

みず　　　　　　のみもの　　（　　　）

　　　　　　　　はきもの　　（　　　）

⑧

はし　　　　　　がっき　　　（　　　）

　　　　　　　　しょっき　　（　　　）

❖あっているものに○をつけましょう。

⑨

ぶんぼうぐ
- のり　　　　（　　　　）
- バラ　　　　（　　　　）

⑩

どうぶつ
- にんじん　（　　　　）
- ライオン　（　　　　）

⑪

むし
- バッタ　　（　　　　）
- レタス　　（　　　　）

⑫

はな
- あさがお　（　　　　）
- にわとり　（　　　　）

⑬

のりもの

パトカー　　（　　　）

ひまわり　　（　　　）

⑭

くだもの

カマキリ　　（　　　）

メロン　　　（　　　）

⑮

ようふく

パンツ　　　（　　　）

スプーン　　（　　　）

⑯

がっき

くるま　　　（　　　）

たいこ　　　（　　　）

中級1

❖ はい・いいえでこたえましょう。

例 バスは　のりもののなかまですか。

（はい、そうです。　　　　　　　　　　　　　）

例 うまは　やさいのなかまですか。

（いいえ、ちがいます。 ／ いいえ、どうぶつです。）

①いすは　くだもののなかまですか。

（　　　　　　　　　　　　　　　　　　　　）

②きんぎょは　さかなのなかまですか。

（　　　　　　　　　　　　　　　　　　　　）

③ペンギンは　しょっきのなかまですか。

（　　　　　　　　　　　　　　　　　　　　）

④にんじんは　どうぶつのなかまですか。
（　　　　　　　　　　　　　　　　）

⑤りんごは　くだもののなかまですか。
（　　　　　　　　　　　　　　　　）

⑥ちょうちょうは　むしのなかまですか。
（　　　　　　　　　　　　　　　　）

⑦じてんしゃは　ようふくのなかまですか。
（　　　　　　　　　　　　　　　　）

⑧ながぐつは　はきもののなかまですか。
（　　　　　　　　　　　　　　　　）

⑨たんぽぽは　はなのなかまですか。
（　　　　　　　　　　　　　　　　）

❖はい・いいえでこたえましょう。

⑩トマトは　くだもののなかまですか。
（　　　　　　　　　　　　　　　　　　　　　　　　）

⑪ぞうは　むしのなかまですか。
（　　　　　　　　　　　　　　　　　　　　　　　　）

⑫ベッドは　かぐのなかまですか。
（　　　　　　　　　　　　　　　　　　　　　　　　）

⑬タンバリンは　やさいのなかまですか。
（　　　　　　　　　　　　　　　　　　　　　　　　）

⑭たいは　ぶんぼうぐのなかまですか。
（　　　　　　　　　　　　　　　　　　　　　　　　）

⑮パイナップルは　くだもののなかまですか。
（　　　　　　　　　　　　　　　　　　　　　　　　）

⑯てんとうむしは　むしのなかまですか。

(　　　　　　　　　　　　　　　　　　　　　　)

⑰いぬは　さかなのなかまですか。

(　　　　　　　　　　　　　　　　　　　　　　)

⑱たまねぎは　くだもののなかまですか。

(　　　　　　　　　　　　　　　　　　　　　　)

⑲そうじきは　でんかせいひんのなかまですか。

(　　　　　　　　　　　　　　　　　　　　　　)

⑳ひつじは　どうぶつのなかまですか。

(　　　　　　　　　　　　　　　　　　　　　　)

㉑くつしたは　のりもののなかまですか。

(　　　　　　　　　　　　　　　　　　　　　　)

❖はい・いいえでこたえましょう。

㉒すいかは　さかなのなかまですか。
(　　　　　　　　　　　　　　　　　　　　　)

㉓ジュースは　はきもののなかまですか。
(　　　　　　　　　　　　　　　　　　　　　)

㉔からすは　とりのなかまですか。
(　　　　　　　　　　　　　　　　　　　　　)

㉕かぶとむしは　がっきのなかまですか。
(　　　　　　　　　　　　　　　　　　　　　)

㉖スミレは　はなのなかまですか。
(　　　　　　　　　　　　　　　　　　　　　)

㉗チョコレートは　おかしのなかまですか。
(　　　　　　　　　　　　　　　　　　　　　)

㉘ふねは　のりもののなかまですか。

（　　　　　　　　　　　　　　　　　　　　　）

㉙なすは　しょっきのなかまですか。

（　　　　　　　　　　　　　　　　　　　　　）

㉚さくらんぼは　くだもののなかまですか。

（　　　　　　　　　　　　　　　　　　　　　）

㉛たいこは　ぶんぼうぐのなかまですか。

（　　　　　　　　　　　　　　　　　　　　　）

㉜シャツは　ようふくのなかまですか。

（　　　　　　　　　　　　　　　　　　　　　）

㉝ほんだなは　さかなのなかまですか。

（　　　　　　　　　　　　　　　　　　　　　）

❖なかまはずれに○をつけましょう。

①

②

③

④

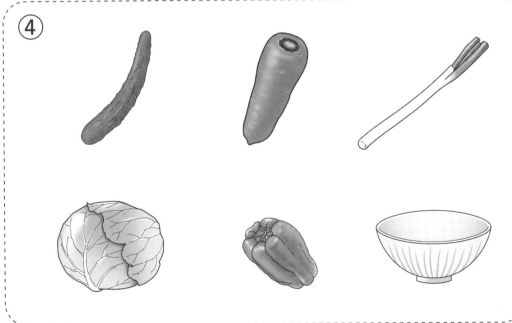

❖なかまはずれに○をつけましょう。

⑤

⑥

⑦

⑧

❖しつもんにこたえましょう。

①あかいくだものは　なんですか。

（　　　　　　　　　　　　）

- -

②きいろいくだものは　なんですか。

（　　　　　　　　　　　　）

- -

③ピンクのくだものは　なんですか。

（　　　　　　　　　　　　）

- -

④きみどりのくだものは　なんですか。

（　　　　　　　　　　　　）

- -

⑤むらさきのくだものは　なんですか。

（　　　　　　　　　　　　）

⑥みどりのやさいは　なんですか。

（　　　　　　　　　　　　）

⑦あかいやさいは　なんですか。

（　　　　　　　　　　　　）

⑧むらさきのやさいは　なんですか。

（　　　　　　　　　　　　）

⑨しろいやさいは　なんですか。

（　　　　　　　　　　　　）

⑩きみどりのやさいは　なんですか。

（　　　　　　　　　　　　）

❖ しつもんにこたえましょう。

⑪「ぶうぶう」となくどうぶつは　なんですか。

（　　　　　　　　　　　　　）

- -

⑫「わんわん」となくどうぶつは　なんですか。

（　　　　　　　　　　　　　）

- -

⑬「もうもう」となくどうぶつは　なんですか。

（　　　　　　　　　　　　　）

- -

⑭くびのながいどうぶつは　なんですか。

（　　　　　　　　　　　　　）

- -

⑮はなのながいどうぶつは　なんですか。

（　　　　　　　　　　　　　）

⑯「こけこっこー」となくとりは　なんですか。

（　　　　　　　　　　　　　　　　）

⑰「かあかあ」となくとりは　なんですか。

（　　　　　　　　　　　　　　　　）

⑱「ぴよぴよ」となくとりは　なんですか。

（　　　　　　　　　　　　　　　　）

⑲「ちゅんちゅん」となくとりは　なんですか。

（　　　　　　　　　　　　　　　　）

⑳「があがあ」となくとりは　なんですか。

（　　　　　　　　　　　　　　　　）

❖ しつもんにこたえましょう。

㉑ じをかくぶんぼうぐは　なんですか。

（　　　　　　　　　　　　　）

㉒ かみをきるぶんぼうぐは　なんですか。

（　　　　　　　　　　　　　）

㉓ せんをひくぶんぼうぐは　なんですか。

（　　　　　　　　　　　　　）

㉔ じをけすぶんぼうぐは　なんですか。

（　　　　　　　　　　　　　）

㉕ せんろをはしるのりものは　なんですか。

（　　　　　　　　　　　　　）

㉖そらをとぶのりものは　なんですか。

（　　　　　　　　　　　　　）

㉗「ピーポー」となるのりものは　なんですか。

（　　　　　　　　　　　　　）

㉘「トントン」となるがっきは　なんですか。

（　　　　　　　　　　　　　）

㉙「リンリン」となるがっきは　なんですか。

（　　　　　　　　　　　　　）

㉚「ピーピー」となるがっきは　なんですか。

（　　　　　　　　　　　　　）

発展１－１

❖下の の中からえらんで答えましょう。

①どうぶつは　どれですか。
（　　　　　　　）（　　　　　　　　　）（　　　　　　　　　　）

②くだものは　どれですか。
（　　　　　　　）（　　　　　　　　　）（　　　　　　　　　　）

③やさいは　どれですか。
（　　　　　　　）（　　　　　　　　　）（　　　　　　　　　　）

④のりものをぜんぶ書きましょう。

（　　　　　　　　　　　　　　　　　　　　　　　　　　　　　）

ひこうき	りんご	さる
にんじん	バス	トマト
牛	車	バナナ
電車	いちご	しんかんせん
かぼちゃ	船	ねこ

❖下の □ の中からえらんで答えましょう。

⑤むらさきのやさいは　どれですか。

（　　　　　　　　　　）

⑥赤いやさいは　どれですか。

（　　　　　　　　　　）

⑦白いやさいを　ぜんぶ書きましょう。

（　　　　　　　　　　　　　　　　　）

⑧丸いやさいを　ぜんぶ書きましょう。

（　　　　　　　　　　　　　　　　　）

きゅうり	なす	トマト
さつまいも	にんじん	だいこん
ねぎ	じゃがいも	たまねぎ
ピーマン	かぼちゃ	いんげん

❖下の⬚の中からえらんで答えましょう。

⑨春にさく花は　どれですか。

（　　　　　）（　　　　　　　）（　　　　　　　　）

⑩羽のあるものは　どれですか。

（　　　　　）（　　　　　　　）（　　　　　　　　）

⑪夏のものは　どれですか。

（　　　　　）（　　　　　　　）（　　　　　　　　）

⑫海にいるものをぜんぶ書きましょう。

（　　　　　　　　　　　　　　　　　　　　　　　　）

ひまわり	つばめ	くり
たんぽぽ	たい	えび
ちょうちょう	まぐろ	ふぐ
さくら	かつお	すいか
ひこうき	あさがお	チューリップ

❖下の［　　　］の中からえらんで答えましょう。

⑬空をとぶものは　どれですか。

（　　　　　　）（　　　　　　　）（　　　　　　　）

⑭ふでばこに入れるものは　どれですか。

（　　　　　　）（　　　　　　　）（　　　　　　　）

⑮冬にきるものは　どれですか。

（　　　　　　）（　　　　　　　）（　　　　　　　）

⑯ようふくをぜんぶ書きましょう。

（　　　　　　　　　　　　　　　　　　　　　　　　）

ちょうちょう	ジャンパー	ティーシャツ
ペンギン	だんごむし	セーター
せみ	えんぴつ	コート
ながぐつ	けしごむ	じょうぎ
バス	半ズボン	ヘリコプター

❖下の □□ の中からえらんで答えましょう。

⑰秋のくだものは　どれですか。

（　　　　　　）（　　　　　　　　）（　　　　　　　　）

⑱肉を食べるどうぶつは　どれですか。

（　　　　　　）（　　　　　　　　）（　　　　　　　　）

⑲むらさき色のものは　どれですか。

（　　　　　　）（　　　　　　　　）（　　　　　　　　）

⑳食べものをぜんぶ書きましょう。

（　　　　　　　　　　　　　　　　　　　　　　　　　　　）

くり	ライオン	ぶどう
メロン	なし	トラ
いちご	もも	きゅうり
なす	あり	ぞう
かぶとむし	チーター	あじさい

❖もんだいを読んで答えましょう。

①夏のやさいを　３つ書きましょう。

（　　　　　　）（　　　　　　　）（　　　　　　　）

②春のやさいを　３つ書きましょう。

（　　　　　　）（　　　　　　　）（　　　　　　　）

③どうろを走る　のりものを　３つ書きま
しょう。

（　　　　　　）（　　　　　　　）（　　　　　　　）

④空をとぶ　のりものを　３つ書きましょう。

（　　　　　　）（　　　　　　　）（　　　　　　　）

⑤字を書く　ぶんぼうぐを　３つ書きましょう。

（　　　　　　）（　　　　　　　）（　　　　　　　）

⑥秋の虫を　３つ書きましょう。

（　　　　　　）（　　　　　　　）（　　　　　　　）

1 確認編

2 基本編

3 中級編

4 発展編

❖ もんだいを読んで答えましょう。

① これは何ですか。

（　　　　　　　　　）

何のなかまですか。

（　　　　　　　　　）

何てなきますか。

（　　　　　　　　　）

② これは何ですか。

（　　　　　　　　　）

何のなかまですか。

（　　　　　　　　　）

どこを走りますか。

（　　　　　　　　　）

③

これは何_{なん}ですか。

(　　　　　　　　　)

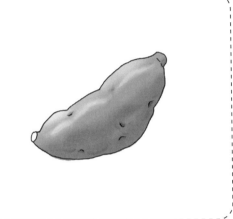

何_{なん}のなかまですか。

(　　　　　　　　　)

どこで売_うっていますか。

(　　　　　　　　　)

④

これは何_{なん}ですか。

(　　　　　　　　　)

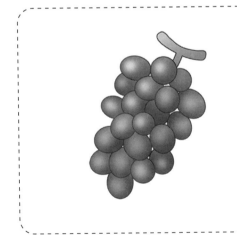

何_{なん}のなかまですか。

(　　　　　　　　　)

何色_{なにいろ}ですか。

(　　　　　　　　　)

❖ もんだいを読んで答えましょう。

⑤

何のなかまですか。

（　　　　　　　　　）

これは食べられますか。

（　　　　　　　　　）

どこにすんでいますか。

（　　　　　　　　　）

⑥

何のなかまですか。

（　　　　　　　　　）

どのきせつに
さきますか。

（　　　　　　　　　）

何色ですか。

（　　　　　　　　　）

⑦ 何のなかまですか。

(　　　　　　　　　　　)

何てなきますか。

(　　　　　　　　　　　)

空をとびますか。

(　　　　　　　　　　　)

⑧ 何のなかまですか。

(　　　　　　　　　　　)

どこに売っていますか。

(　　　　　　　　　　　)

何をするものですか。

(　　　　　　　　　　　)

❖なかまの名前を書きましょう。

①形

(　　　　　　　　　)　(　　　　　　　　　　　)

(　　　　　　　　　)　(　　　　　　　　　　　)

②きせつ

(　　　　　　　　　)　(　　　　　　　　　　　)

(　　　　　　　　　)　(　　　　　　　　　　　)

③あじ

(　　　　　　　　　)　(　　　　　　　　　　　)

(　　　　　　　　　)　(　　　　　　　　　　　)

④天気

(　　　　　　　　　)　(　　　　　　　　　　　)

(　　　　　　　　　)　(　　　　　　　　　　　)

⑤色（いろ）

(   ) (   )

(   ) (   )

(   ) (   )

(   ) (   )

⑥ばしょ

(   ) (   )

(   ) (   )

(   ) (   )

(   ) (   )

❖なかまの名前を書きましょう。

⑦おもちゃ

(   )   (   )

(   )   (   )

⑧もよう

(   )   (   )

(   )   (   )

⑨方角

(   )   (   )

(   )   (   )

⑩曜日
<ruby>曜日<rt>よう び</rt></ruby>

(   ) (   )

(   ) (   )

(   ) (   )

(   )

----

⑪しょくぎょう

(   ) (   )

(   ) (   )

(   ) (   )

(   ) (   )

❖なかまの名前を書きましょう。

⑫教科

(   ) (   )

(   ) (   )

(   ) (   )

- -

⑬そうじどうぐ

(   ) (   )

(   ) (   )

- -

⑭さいほうどうぐ

(   ) (   )

(   ) (   )

⑮ちょうりどうぐ

(　　　　　　　　) (　　　　　　　　　)

(　　　　　　　　) (　　　　　　　　　)

(　　　　　　　　) (　　　　　　　　　)

⑯大工どうぐ

(　　　　　　　　) (　　　　　　　　　)

(　　　　　　　　) (　　　　　　　　　)

⑰きゅうきゅうようひん

(　　　　　　　　) (　　　　　　　　　)

(　　　　　　　　) (　　　　　　　　　)

❖それぞれのばしょにあるものを答えましょう。

①だいどころにあるもの

(　　　　　　　　　) (　　　　　　　　　　　)

(　　　　　　　　　) (　　　　　　　　　　　)

②おふろにあるもの

(　　　　　　　　　) (　　　　　　　　　　　)

(　　　　　　　　　) (　　　　　　　　　　　)

③リビングにあるもの

(　　　　　　　　　) (　　　　　　　　　　　)

(　　　　　　　　　) (　　　　　　　　　　　)

④げんかんにあるもの

(　　　　　　　　　) (　　　　　　　　　　　)

(　　　　　　　　　) (　　　　　　　　　　　)

⑤トイレにあるもの

(　　　　　　　　　) (　　　　　　　　　　　)

(　　　　　　　　　) (　　　　　　　　　　　)

⑥にわにあるもの

(　　　　　　　　　) (　　　　　　　　　　　)

(　　　　　　　　　) (　　　　　　　　　　　)

❖それぞれのばしょにあるものを答えましょう。

⑦えきにあるもの

(　　　　　　　　　) (　　　　　　　　　　　)

(　　　　　　　　　) (　　　　　　　　　　　)

⑧スーパーにあるもの

(　　　　　　　　　) (　　　　　　　　　　　)

(　　　　　　　　　) (　　　　　　　　　　　)

⑨としょかんにあるもの

(　　　　　　　　　) (　　　　　　　　　　　)

(　　　　　　　　　) (　　　　　　　　　　　)

⑩公園にあるもの

(　　　　　　　　　　) 　(　　　　　　　　　　　　)

(　　　　　　　　　　) 　(　　　　　　　　　　　　)

⑪音楽室にあるもの

(　　　　　　　　　　) 　(　　　　　　　　　　　　)

(　　　　　　　　　　) 　(　　　　　　　　　　　　)

⑫たいいくかんにあるもの

(　　　　　　　　　　) 　(　　　　　　　　　　　　)

(　　　　　　　　　　) 　(　　　　　　　　　　　　)

❖しつもんに答えましょう。

①やさいは　どこで買いますか。

（　　　　　　　　　　　　　）

----

②花は　どこで買いますか。

（　　　　　　　　　　　　　）

----

③そうじきは　どこで買いますか。

（　　　　　　　　　　　　　）

----

④どうぶつがたくさんいるところは　どこですか。

（　　　　　　　　　　　　　）

----

⑤魚がおよいでいるところは　どこですか。

（　　　　　　　　　　　　　）

⑥鳥がとんでいるところは　どこですか。

（　　　　　　　　　　　　）

⑦ベッドは　どこにおきますか。

（　　　　　　　　　　　　）

⑧うわばきは　どこではきますか。

（　　　　　　　　　　　　）

⑨いわしは　どこでとれますか。

（　　　　　　　　　　　　）

⑩えんぴつは　どこに入れますか。

（　　　　　　　　　　　　）

❖ しつもんに答えましょう。

⑪どこで　さつまいもはとれますか。

（　　　　　　　　　　　　　）

⑫どこで　車をうんてんしますか。

（　　　　　　　　　　　　　）

⑬どこで　くつをはきますか。

（　　　　　　　　　　　　　）

⑭どこで　たいこをたたきますか。

（　　　　　　　　　　　　　）

⑮どこで　スリッパをはきますか。

（　　　　　　　　　　　　　）

⑯どこで　船をうんてんしますか。

（　　　　　　　　　　　　　）

⑰どこで　電車にのりますか。

（　　　　　　　　　　　　　）

⑱どこで　コップをあらいますか。

（　　　　　　　　　　　　　）

⑲どこで　ジュースをひやしますか。

（　　　　　　　　　　　　　）

⑳どこで　テレビを見ますか。

（　　　　　　　　　　　　　）

❖しつもんに答えましょう。

①食べものを切るちょうりどうぐは何ですか。

（　　　　　　　　　　　　　　）

②おゆをわかすちょうりどうぐは何ですか。

（　　　　　　　　　　　　　　）

③くぎをうつ大工どうぐは何ですか。

（　　　　　　　　　　　　　　）

④木を切る大工どうぐは何ですか。

（　　　　　　　　　　　　　　）

⑤ごみをあつめるそうじどうぐは何ですか。

（　　　　　　　　　　　　　　）

⑥まどをふくそうじどうぐは何ですか。

（　　　　　　　　　　　　　　）

⑦ひざをすりむいたときにはるきゅうきゅうようひんは何(なん)ですか。

（　　　　　　　　　　　）

⑧手(て)にささったとげをぬくきゅうきゅうようひんは何(なん)ですか。

（　　　　　　　　　　　）

⑨へやを明(あ)るくするでんかせいひんは何(なん)ですか。

（　　　　　　　　　　　）

⑩ようふくをあらうでんかせいひんは何(なん)ですか。

（　　　　　　　　　　　）

⑪ぬのを切(き)るさいほうどうぐは何(なん)ですか。

（　　　　　　　　　　　）

⑫糸(いと)を切(き)るさいほうどうぐは何(なん)ですか。

（　　　　　　　　　　　）

❖つぎのことばをせつめいしましょう。

例 ほうき

ごみをあつめる　そうじどうぐです。

げんかんにおいてあります。

① あわだてき

② おたま

③ えんぴつけずり

④たちばさみ

⑤ぬいばり

⑥ぞうきん

⑦バケツ

❖つぎのことばをせつめいしましょう。

⑧デッキブラシ

⑨ばんそうこう

⑩しょうどくえき

⑪れいぞうこ

⑫電子レンジ

でん し

⑬ドライバー

⑭ペンチ

⑮のこぎり

コロロの療育方針と相談先

1. 脳の機能を高める療育

脳の大脳新皮質の「前頭前野」が働いているときは、周りの状況に合わせて落ち着いて過ごし、よく考えて目的とする行動をとることができます。しかし、脳がバランスよく機能していないと、大脳辺縁系や脳幹で起こる反射的な行動が多くなります（右図参照）。

コロロの療育では、子どもたちの日常的な行動観察から脳のどの部分が機能しているのか、十分に機能していない部分はどこかを分析し、前頭前野が働いている状態（＝意識レベルが高い状態）を保つことができる療育を心がけています。子どもたちの発達を促す実践に基づいてワークブックや教材セット、実践プログラムが開発されています。

■脳の活動水準と行動

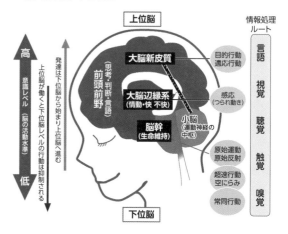

2. 社会適応力を高める

コロロの療育の三本柱は、「概念学習」「行動トレーニング・歩行」「適応力を育てるトレーニング」です。この3つの学習・トレーニングを個々の子どもたちの発達に応じて療育に取り入れています。3つの力をバランスよく発達させることで、子どもたちの社会適応力を高めることを目標にしています。

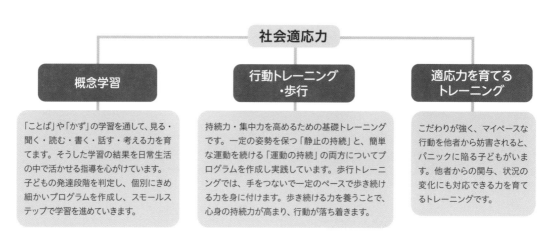

社会適応力

概念学習

「ことば」や「かず」の学習を通して、見る・聞く・読む・書く・話す・考える力を育てます。そうした学習の結果を日常生活の中で活かせる指導を心がけています。子どもの発達段階を判定し、個別にきめ細かいプログラムを作成し、スモールステップで学習を進めていきます。

行動トレーニング・歩行

持続力・集中力を高めるための基礎トレーニングです。一定の姿勢を保つ「静止の持続」と、簡単な運動を続ける「運動の持続」の両方についてプログラムを作成し実践しています。歩行トレーニングでは、手をつないで一定のペースで歩き続ける力を身に付けます。歩き続ける力を養うことで、心身の持続力が高まり、行動が落ち着きます。

適応力を育てるトレーニング

こだわりが強く、マイペースな行動を他者から妨害されると、パニックに陥る子どもがいます。他者からの関与、状況の変化にも対応できる力を育てるトレーニングです。

3. 療育の主体者は親

コロロでは、「療育の主体者は親である」という理念のもとに〈在宅支援プログラム〉を作成し、家庭療育の態勢を整えるサポートをしています。年齢とともに、子どもを取り巻く環境は移り変わっていきます。親が療育の主体者となり、家庭療育の基盤ができていることが、将来の社会適応を進める上でとても重要なことです。

コロロの療育は、子どもの社会適応力を高めることによって、将来の進学、就職、自立生活を目標にしています。概念学習・行動トレーニング・適応力を育てるトレーニングの3つのプログラムを中心に、家庭での療育方法を提案し、問題行動の対応などについてもサポートします。また、MT（mother teacher）・FT（father teacher）講座や保護者向けの講演会を定期的に開催し、家庭での療育を充実させるための療育理論や実践方法をお伝えしています。

集団指導で
適応力が育つ

〈コロロメソッド〉で療育をはじめてみませんか?

幼児教室
2歳〜6歳

一日を通したプログラムで、からだ・ことば・こころを育てる療育幼稚園です。

学童教室
(小学生〜)

2時間のプログラムの中で、個々の子どもたちの発達段階に応じた学習指導や行動面のトレーニングを行います。

フリースクール
(小学生〜)

集団活動の中で社会生活のスキルを身に付けます。

放課後等デイサービス
(小学生〜)

受給者証で利用できる福祉サービスです。集団での作業や歩行、行動トレーニングを通じて適応力を高めます。

---

①まず、お子様といっしょに近くの教室の〈発達相談〉にお越しください(初回無料)

●お電話かメールでご連絡➡相談日のご予約をしてください
●〈発達相談〉では➡育児の悩み、ことばの指導法、問題行動への対応法などをアドバイスします
●コロロの療育方針、施設について具体的にご説明します

②入会申込書をご提出ください ➡ ③通室スタート!

●発達相談のお申込み先

杉並教室	TEL 03-3399-0510	〒167-0042 東京都杉並区西荻北3-33-9	幼児 フリースクール 学童 放デイ
横浜教室	TEL 045-910-1106	〒225-0013 神奈川県横浜市青葉区荏田町232-7	幼児 学童 フリースクール 放デイ
神戸教室	TEL 078-386-4100	〒650-0012 兵庫県神戸市中央区北長狭通4-7-13 サンハイツ元町	幼児 学童 フリースクール
松山教室	TEL 089-961-1184	〒790-0952 愛媛県松山市朝生田町1-10-3	幼児 児発 放デイ 生活介護
熊本教室	TEL 096-206-9670	〒862-0903 熊本県熊本市東区若葉3-15-16 1階	幼児 フリースクール 学童 放デイ 生活介護

社会福祉法人コロロ学舎の放課後等デイサービス事業所

スウィング	TEL 042-568-0966	〒190-1221 東京都西多摩郡瑞穂町箱根ヶ崎武蔵野938-1
ET教室	TEL 042-324-8355	〒185-0002 東京都国分寺市東戸倉2-10-34

コロロメソッドを実践する療育機関

コロロメソッド発達療育支援センター	TEL 098-887-1503 〒902-0061 沖縄県那覇市古島2-4-11

●編者紹介

コロロ発達療育センター

1983年創立。自閉症、広汎性発達障がいなどの診断を受けた子どもや、集団に適応できないなどの問題を抱える子どものための指導方法を研究・実践する療育機関で、現在各地の教室で多くの子どもが療育を受けています。
コミュニケーションがとりづらい、問題行動やこだわり・パニックが頻発して家庭療育がままならないなど、さまざまな問題に対し、独自の療育システム（コロロメソッド）による具体的な対応法・療育方法を提示し、家庭療育プログラムを組みます。幼稚園や学校に通いながら、ほかの療法とも併せてプログラムを実践することができます。
コロロメソッドがよくわかる出版物を多数刊行しています。詳細はホームページをご覧ください。
ホームページ：https://kololo.jp

〈監修者〉
久保田小枝子（社会福祉法人コロロ学舎理事）

表紙デザイン──後藤葉子（森デザイン室）
表紙イラスト──瀬戸めぐみ
本文イラスト──Shima.
組版──合同出版制作室

コロロメソッドで学ぶ
ことばの分類ワークシート
スモールステップでマスターする
もののの名前・ことばの概念

2024年1月30日　第1刷発行

編　　　者　コロロ発達療育センター
発　行　者　坂上美樹
発　行　所　合同出版株式会社
　　　　　　東京都小金井市関野町 1-6-10
　　　　　　郵便番号　184-0001
　　　　　　電話　042-401-2930
　　　　　　振替　00180-9-65422
　　　　　　ホームページ　https://www.godo-shuppan.co.jp
印刷・製本　株式会社シナノ

もの の 名前 カード ① 切り取って お使い下さい

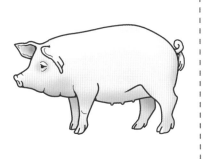  

うし　　うさぎ　　いぬ

うま　　ぞう　　さる

きりん　　パンダ　　ぶた

ライオン　　ひつじ　　ねこ

もののname前カード❷ 切り取ってお使い下さい

 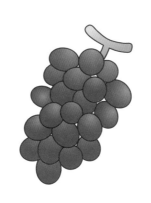 

  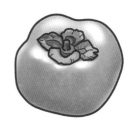

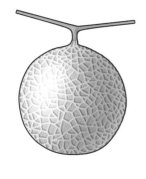  

みかん　　ぶどう　　りんご

かき　　　もも　　　いちご

さくらんぼ　すいか　　バナナ

パイナップル　なし　　メロン

もののなまえカード❸　切り取ってお使い下さい

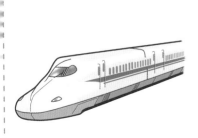

ひこうき　トラック　くるま

バス　　しょうぼうしゃ　　ふね

でんしゃ　じてんしゃ　パトカー

バイク　　きゅうきゅうしゃ　しんかんせん

ものの名前カード❹　切り取ってお使い下さい

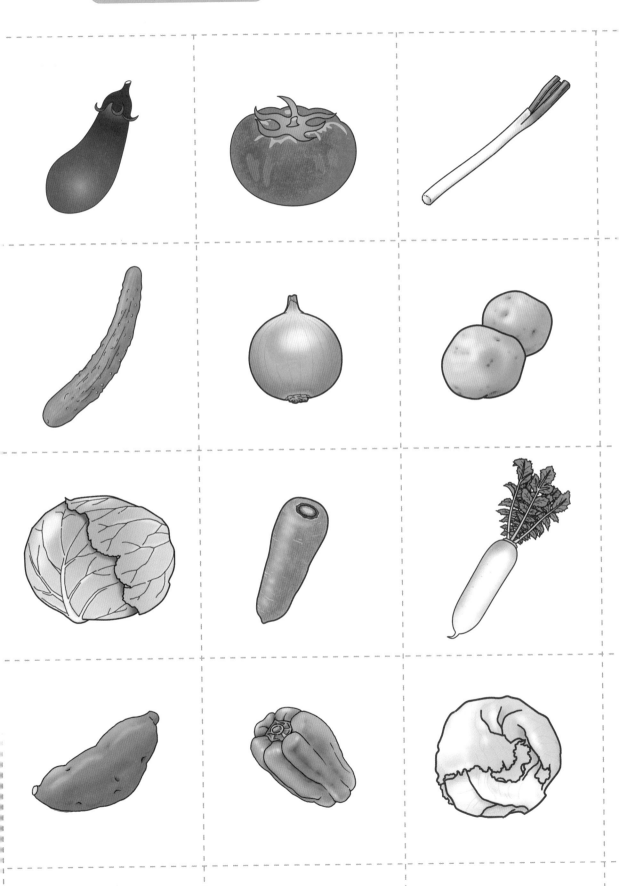

ねぎ　　トマト　　なす

じゃがいも　たまねぎ　きゅうり

だいこん　にんじん　キャベツ

レタス　ピーマン　さつまいも

ものの名前カード❺　切り取ってお使い下さい

あじさい　チューリップ　たんぽぽ

ゆり　　あさがお　ひまわり

コスモス　　バラ　　スミレ

きく　　さくら　　うめ

ものの名前カード⑥　切り取ってお使い下さい

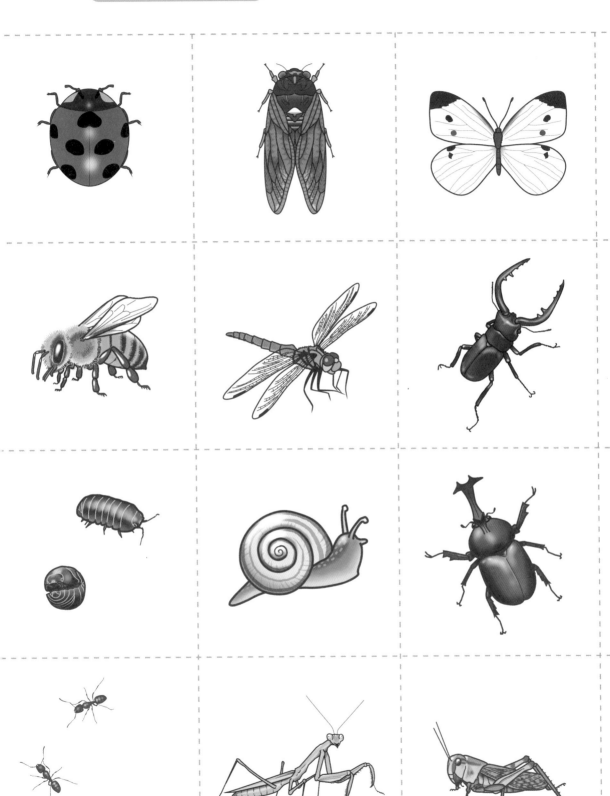

ちょうちょう　　せみ　　てんとうむし

くわがた　　とんぼ　　はち

かぶとむし　かたつむり　だんごむし

バッタ　カマキリ　あり

ものの名前カード❼　切り取ってお使い下さい

ペンギン　からす　すずめ

インコ　にわとり　あひる

はと　　つばめ　　つる

ダチョウ　くじゃく　うぐいす

もの の 名前カード⑧　切り取ってお使い下さい

はさみ　クレヨン　えんぴつ

ホチキス　　のり　　けしごむ

じょうぎ　コンパス　えんぴつけずり

セロハンテープ　　ふで　　ノート

もののなまえカード ⑨ 　切り取ってお使い下さい

スカート　ズボン　タンクトップ

コート　くつした　パンツ

レインコート　ティーシャツ　セーター

ワンピース　ジャンパー　ぼうし

もの名前カード⑩ 切り取ってお使い下さい

さんま　　ふぐ　　きんぎょ

こい　　えび　　たい

カニ　　いわし　　めだか

ひらめ　　サメ　　どじょう

ものの名前カード⓫ 切り取ってお使い下さい

ふえ　　ラッパ　　たいこ

カスタネット　　すず　　ピアノ

トライアングル　もっきん　タンバリン

バイオリン　ギター　けんばんハーモニカ

ちゃわん　ティーカップ　　さら

おわん　　ゆのみぢゃわん　　はし

フォーク　　ナイフ　　スプーン

コップ　　どんぶり　きゅうす

ものの名前カード⓭ 切り取ってお使い下さい

エアコン　テレビ　でんわ

せんぷうき　れいぞうこ　せんたくき

パソコン　そうじき　ドライヤー

すいはんき　スマートフォン　でんしレンジ

ものの名前カード⑭ 切り取ってお使い下さい

ベッド　　つくえ　　いす

こたつ　　しょっきだな　ほんだな

ながぐつ　サンダル　　くつ

げた　　うわばき　スリッパ

もののなまえカード⑮ 切り取ってお使い下さい

ジュース　みず　コーヒー

りょくちゃ　むぎちゃ　ぎゅうにゅう

せんべい　チョコレート　クッキー

ポテトチップス　ドーナツ　あめ

分類ことばカード　切り取ってお使い下さい

どうぶつ	くだもの
のりもの	やさい
はな	むし
とり	ぶんぼうぐ
ようふく	さかな
がっき	しょっき
でんかせいひん	かぐ
はきもの	のみもの
おかし	

分類シート　切り取ってお使い下さい

分類シート 切り取ってお使い下さい